Gramática abreviada de la
Lengua Española

Mauricio Lagartos

Cooperación Editorial

C/ Doctor Esquerdo, 173. 6.º Izqda. 28007 Madrid
Tel: 91 574 59 44 Fax: 91 573 41 73
E–mail: coop.edit@gmail.com

C/ Dr. Grau Bassas, 27 • E-35007 Las Palmas GC
Tel: 928 267 971 Fax: 928 278 980
E–mail: office@grancanariaschool.com

Imprime: Ulzama

I.S.B.N.: 978-84–95920–22–5
D. L.: M-51171-2010

Printed in Spain – Impreso en España

Índice

Introducción

La palabra Gramática, según definición del Diccionario de la Lengua Española es la "Ciencia que estudia los elementos de una lengua y sus combinaciones". Nosotros nos atreveríamos a añadir que estudia los elementos "de forma ordenada", para lo cual es imprescindible tener claros todos los elementos que componen la lengua.

Esta ciencia se puede explicar de forma más complicada, más en profundidad y también de forma más sencilla y clara para quienes intentan un primer acercamiento al estudio de la Lengua Española.

Este es el primer propósito que nos hemos impuesto en la creación de la Gramática Abreviada de la Lengua Española. Elaborar un libro que recopile las normas gramaticales de la forma más clara y sencilla, a veces, tan sólo sirviéndonos de cuadros visuales, para que el estudiante lo tenga muy claro desde el primer momento.

Un segundo propósito, para nosotros de gran importancia, sería el provocar en el estudiante la curiosidad y necesidad de profundizar cada vez más en el uso de la lengua, en sus variantes y particularidades.

Nuestra Gramática se articula en 15 temas que van desde la unidad mínima que son los sonidos y su norma de articulación, pasando por los artículos, sustantivos y diferentes categorías de palabras, los verbos y sus modos y usos, hasta la ordenación en la frase, unidades máximas de expresión.

Así, el estudiante de forma clara y precisa, avanzando en cada lección, irá teniendo una visión a la vez fraccionaria y global de nuestra lengua, que le ayudarán en el manejo del lenguaje tanto oral como escrito.

Esperamos haber cumplido con nuestros objetivos de claridad y exactitud en nuestras exposiciones y que el estudiante vea cumplidas tanto sus expectativas académicas como ampliado su gusto por el conocimiento de la lengua.

El artículo

Definido

	MASCULINO	FEMENINO
SINGULAR	EL	LA
PLURAL	LOS	LAS

Indefinido

	MASCULINO	FEMENINO
SINGULAR	UN	UNA
PLURAL	UNOS	UNAS

Contracciones

DE + EL	DEL
A + EL	AL

AL + infinitivo = cuando + presente o pasado

Ej.: Al hablar = cuando habla, cuando hablaba.

El artículo femenino **LA** se cambia por el masculino **EL** delante de un sustantivo femenino que comienza con "a" acentuada.

Ej.: El agua, el águila.

El artículo definido

Se usa	No se usa
a) **Delante de títulos.** El Sr. Pérez, el Dr. Martín.	a) **Delante de don, doña:** Don José. **Delante de títulos al dirigirse a ellos:** Mire esto, señor Gómez.
b) **Delante de algunos países, pero no necesariamente:** (La) Argentina, (La) China, (La) India, (El) Japón, (Los) Estados Unidos. **Delante de unas pocas ciudades:** La Habana, La Paz. **Delante de países y ciudades, acompañado de un adjetivo:** La Suiza alemana, La alegre Barcelona.	b) **Delante del resto de países.**
c) **Delante de los días de la semana:** El lunes es fiesta. **Al indicar un cierto tiempo u hora:** El año pasado, la próxima semana, a las 2 en punto.	c) **En los días de la semana precedidos del verbo "ser":** Hoy es martes.
d) **Sustantivos con significación general:** La música, el arte. **Partes del cuerpo precedidas del verbo "tener":** Tiene los ojos azules. **Instrumentos de música y deporte:** Toca la guitarra, juega al tenis. **Equipos deportivos:** El Manchester, El Real Madrid.	d) **Con los medios de transporte con la preposición "en":** Voy en tren, viajo en avión.

El alfabeto

A	=	a	J	=	jota	R	=	erre
B	=	be	K	=	ka	S	=	ese
C	=	ce	L	=	ele	T	=	te
D	=	de	M	=	eme	U	=	u
E	=	e	N	=	ene	V	=	uve
F	=	efe	Ñ	=	eñe	W	=	doble uve
G	=	ge	O	=	o	X	=	equis
H	=	ache	P	=	pe	Y	=	ye
I	=	i	Q	=	ku	Z	=	ceta

Pueden oír la pronunciación de las letras conectando con: **www.abclingua.net**

Otros signos ortográficos

@	=	arroba	:	=	dos puntos
.	=	punto	;	=	punto y coma
´	=	acento (tilde)	...	=	puntos suspensivos
-	=	guión	ü	=	u con diéresis
¡ !	=	exclamación	¿ ?	=	interrogación
" "	=	entre comillas	( )	=	entre paréntesis
/	=	barra			

- Los signos de admiración o de interrogación se ponen antes y después de la palabra o frase. El primero con el punto arriba y el último con el punto abajo.

Ej.: ¿Quién eres? ¡Viva España!

Reglas de pronunciación (con las 5 vocales)

	Escritura				
K:	CA	QUE	QUI	CO	CU
Z:	ZA	CE	CI	ZO	ZU
G:	GA	GUE	GUI	GO	GU
J:	JA	JE, GE	JI, GI	JO	JU

- En las sílabas "**gue**" y "**gui**" la "u" sólo se pronuncia si se pone ¨ (diéresis) sobre ella.

  Ej.: ci**güe**ña, pin**gü**ino, ver**güe**nza.
- **Q** sólo se usa en los sonidos "**que**" y "**qui**"

  Ej.: querer, quizás.
- **Z** no se usa delante de "e", "i" (excepto zigzag, zinc).
- **H** nunca se pronuncia. Precedida de la letra **C** forma un fonema propio, como en cha-cha-cha o Che Guevara.
- **V** se pronuncia igual que **B**.
- **K** solo se usa en palabras de medición de origen griego (kilo, kilómetro) o países extranjeros que llevan **K** (como Irak).
- **LL** suena similar a **Y** antes de vocal.

  Ej.: Mallorca, Sevilla.

- **RR** doble solo va en medio de una palabra y tiene un sonido fuerte (perro). Una **R** sola también tiene sonido fuerte si va a principio de palabra (radio) o precedida de n, l, (Enrique, alrededor). Si no es así, tiene un sonido suave (pero).
- Solo se escriben juntas las siguientes consonantes: **cc** (lección), **rr** (perro), **ll** (calle), **nn** (innecesario).

Ordenación de las frases

A. FRASES ACTIVAS

Con sustantivos

Sujeto	Verbo	Compl. directo	Compl. ind.	Compl. lugar
El profesor	da	el libro	al alumno	en clase

Con 1 pronombre complemento

Sujeto	Pron. Compl	Verbo	Compl. Sustan.	Compl. de lugar
El profesor	lo	da	al alumno	en clase
o : El profesor	le	da	el libro	

Con 2 pronombres complementos

Sujeto	Pron. Compl. indirecto	Pron. Compl. directo	Verbo	Compl. de lugar
El profesor	se	lo	da	en clase

Si la frase es negativa, la partícula **NO** va siempre a continuación del sujeto:

Ej. El profesor NO da el libro al alumno.
El profesor NO lo da al alumno.
El profesor NO le da el libro.
El profesor NO se lo da.

Si hay 2 verbos en la frase (por ej. indicativo con infinitivo o con gerundio), los pronombres complementos van o bien detrás del infinitivo o gerundio y unidos a éstos, o bien delante del indicativo pero separados.

En todo caso, el pronombre complemento indirecto precede al directo:

Ej.: El profesor (no) quiere dar**lo** al alumno
(o **lo** quiere dar...).

El profesor (no) quiere dar**le** el libro
(o **le** quiere dar...).

El profesor (no) quiere dár**selo**
(o **se lo** quiere dar).

B. FRASES PASIVAS

Activa:

Sujeto	Verbo	Compl. directo
El profesor	**escribe**	**el libro**

Pasiva:

Sujeto	Verbo en pasiva	Prep. POR	Ablativo agente
El libro	**es escrito**	**por**	**el profesor**

El acento ortográfico

En toda palabra de más de una sílaba, una de las sílabas tiene una pronunciación más fuerte que las otras. Unas veces se escribe el acento, otras no.

EL ACENTO ORTOGRÁFICO SE ESCRIBE:

1.º Si la sílaba acentuada es la última y la palabra termina en:

N: Ej.: leer**án**, jam**ón**, var**ón**.
S: Ej.: leer**ás**, jam**ás**, ver**ás**.
VOCAL: Ej.: leer**á**, pap**á**, tom**ó**.

2.º Si la sílaba acentuada es la penúltima y la palabra termina en CONSONANTE (no **N** o **S**):

Ej.: lápiz, fácil, difícil, mármol.

3.º Si la sílaba acentuada es la antepenúltima (o la anterior):

Ej.: último, número, práctico, dígamelo.

Reglas especiales:

Tienen acento algunos monosílabos para distinguirlos de otros de diferente significado, pero de idéntica ortografía. Estos son:

Dé	Del verbo "dar"
Él	Pronombre personal
Más	Comparativo
Tú	Pronombre personal
Mí	Pronombre tras preposición
Sé	De "**saber**" y de "**ser**"
Sí	Afirmativo y pronombre

Té	Sustantivo (bebida)
Aún	Todavía
Éste	Pronombre demostrativo
Ése	Pronombre demostrativo
Aquél	Pronombre demostrativo
¿Qué?	Pronombre interrogativo
¿Quién?	" "y los demás pronombres interrogativos

- Cuando una vocal fuerte (a, e, o) forma diptongo con otra débil (i, u), se escribe acento sobre la vocal fuerte. Si la palabra es monosílaba (guión) no es necesario escribir la tilde.

  Ej.: sal**ió**, h**ué**sped, tom**áis**.

- Cuando una vocal débil (i, u) no forma diptongo con otra fuerte, se escribe sobre la vocal débil.

  Ej.: m**aí**z, r**aí**ces.

El sustantivo

a) Son masculinos:

1.º Los terminados en O.

Ej.: el cuadro, el libro

Excepto: la mano y abreviaciones en O de palabras que terminan en A.

Ej.: la foto/grafía; la moto/cicleta; la radio/fonía.

2.º En general los terminados en E, I, U, J, L, N, R, S, T.

Ej.: pie, reloj, papel, corazón, amor.

b) Son femeninos:

1.º Los terminados en A.

Ej.: la mesa, la cama.

Excepto: el día, el mapa,...:

día	mapa	clima	problema
tema	aroma	reuma	fantasma
telegrama	crucigrama	diploma	programa
drama	sofá	poeta	sistema
idioma	planeta		

2.º En general los terminados en D, Z (ciudad, actriz) **y en -CIÓN** (nación, revolución).

c) Son invariables para ambos géneros (sólo cambia el artículo):

1.º **Los terminados en -ISTA**: el/la turista, dentista, pia nista, artista
2.º **Palabras como**: el/la testigo, homicida, imbécil, joven, estudiante.

d) Aceptan doble artículo y cambian el significado:

El frente	(primera línea)	La frente	(parte de la cara)
El cura	(sacerdote católico)	La cura	(del verbo "curar")
El cometa	(objeto celeste)	La cometa	(juguete volador)
El capital	(el dinero)	La capital	(la ciudad)
El cólera	(enfermedad)	La cólera	(la ira)

e) Los sustantivos femeninos que empiezan con A acentuada toman el artículo masculino en singular:

Ej.: El agua clara. Pero: Las aguas claras.

f) Algunos nombres forman su femenino con los siguientes sufijos:

-ESA	el conde	- la condesa
-ISA	el poeta	- la poetisa
-IZ	el actor	- la actriz
-INA	el héroe	- la heroína

g) Algunos nombres tienen diferente radical en masculino y en femenino:

Padre - Madre	Caballo - Yegua
Padrino - Madrina	Buey (toro) - Vaca
Marido - Mujer (esposa)	Carnero - Oveja
Yerno - Nuera	Hombre - Mujer
Varón - Hembra	Jinete - Amazona

Formación plural

(Igual que los adjetivos)

1. Añaden una **S** si terminan en vocal no acentuada.

   Ej.: perro -perro**s**

2. Añaden **ES** si terminan en consonante o "í" acentuada.

   Ej.: mantel - manteles rubí -rubíes

3. Los que terminan en **Z**, la cambian en **C** al hacer el plural.
   Ej.: lápi**z** - lápi**c**es

4. Si terminan en **S**, el singular y el plural es el mismo.

   Ej.: el/los lunes, dosis, tesis, caos, atlas, paraguas. Excepción: gas – gases

5. Algunos sustantivos cambian el lugar del acento al tomar el plural.

   Ej.: carácter – caracteres

6. El plural masculino comprende a veces los dos géneros.

   Ej.: los padres = el padre y la madre.

7. Algunos sustantivos solo tienen plural.

   Ej.: las gafas, las afueras, los gemelos.

8. Algunos tienen doble número.

   Ej.: el pantalón - los pantalones.

Pronombres

personales y posesivos

1 Sujeto	2 Complemto indirecto	3 Complemt o directo	4 Reflexivo	5 Con pre-posición	6 Posesivo	7 Adjetivo posesivo
Yo	Me	Me	Me	Mí	Mío-a/s	Mi-s
Tú	Te	Te	Te	Ti	Tuyo-a/s	Tu-s
Él Ella Vd.	} Le (se)	Lo La Lo/La	} Se	El (ello) Ella Vd.	} Suyo-a/s	} Su-s
Nosotros/ as	Nos	Nos	Nos	Nosotros/ as	Nuestro- a/s	Nuestro- a/s
Vosotros/ as	Os	Os	Os	Vosotros/ as	Vuestro- /a/s	Vuestro- a/s
Ellos Ellas Vds.	} Les (se)	Los Las Los/Las	} Se	Ellos Ellas Vds.	} Suyo/a/s	} Su-s

1. **Pronombre sujeto: TÚ** y **ÉL** tienen acento para distinguirlos de **"tu"** (adjetivo posesivo) y **"el"** (artículo definido). En general no se usa el pronombre sujeto pues la terminación del verbo ya indica la persona.

   Ej.: Salgo de casa.

   Pero se usa si tiene especial importancia en la frase.

   Ej.: **Yo** lo haré, no tú.

2. **Pronombre complemento indirecto: LE** y **LES** cambian en **SE** antes del pronombre complemento directo LO, LA, LOS, LAS.

Ej.: **Se** lo diré mañana.

3. **Pronombres complemento directo:** Para personas se puede usar también LE o LES en lugar de LO o LOS.

Ej.: Mi amigo está aquí, lo (o **le**) veo.

4. **Pronombres reflexivos:** Los verbos reflexivos en infinitivo llevan pronombre reflexivo de tercera persona SE.

Ej.: lavar**se**, cansar**se**.

5. **Pronombre personal con preposición:** "Mí" tiene acento para distinguirlo del adjetivo posesivo "Mi".
EL, ELLA, USTED y sus plurales se cambian por SÍ cuando el sujeto es el mismo que el complemento.

Ej.: Lo toma para **sí** (para él, ella, etc. mismo/a).
"**Sí**" tiene acento para distinguirlo del adverbio "si".

La preposición CON antes de MÍ, TI y SÍ hace: **conmigo, contigo, consigo.**

ELLO se usa como algo neutro.
Ej.: Hablo de ello.

6. **Pronombres posesivos:** Puede ir precedido del artículo: el mío, la mía, los míos, las mías. Sustituye al sustantivo o va detrás de él.

Ej.: Tu coche es rojo, el mío blanco. ¡Dios mío!

7. **Adjetivos posesivos:** Van delante del sustantivo.

Ej.: **Mi** jardín.

MI, TU, SU son iguales para el masculino y para el femenino.

Ej.: **Tu** padre y **tu** madre.

Observación: Un pronombre precedido de la preposición "A" puede acompañar a otro pronombre directo o indirecto, repitiéndolo. Así se da más fuerza a la frase.

Ej.: **A mí, me** gusta el mar.
A ti, te veo todos los días.

Colocación de los pronombres complementos

a) Detrás del verbo y unido a éste si es:

- Infinitivo: (dar**le**, ver**lo**, levantar**se**)
- Gerundio: (dándo**le**, viéndo**le**, levantándo**se**)
- Imperativo: (da**le**, véan**lo**, levánte**se**)

b) Delante del verbo y separado en los demás casos:

Ej.: le doy, lo veo, te levantarás.

c) Si hay más de un pronombre, primero va el complemento indirecto y a continuación el directo.

Ej.: Dár**selo**, dándo**melo**, dá**noslas**, **se lo** digo, **nos las** traerá.

d) Si hay un verbo en indicativo y otro en infinitivo o gerundio, los pronombres se ponen:

- bien tras el infinitivo o gerundio y unidos:

  Ej.: Quiero dár**telo**.

- bien delante del indicativo (o subjuntivo) y separados:

  Ej.: **Te lo** quiero dar.

Pronombres y adjetivos demostrativos

Masculino	**ESTE - OS**	**ESE - OS**	**AQUEL - LOS**
Femenino	**ESTA - S**	**ESA - S**	**AQUELLA - S**
Neutro	**ESTO**	**ESO**	**AQUELLO**
	Más próximo del que habla	Más próximo del que oye	Lejos de ambos

• **Son pronombres si sustituyen al nombre.**
Ej.: éste me gusta.

• **Son adjetivos si preceden al nombre.**
Ej.: ese libro me gusta.

• **Si son pronombres llevan acento.**
Ej.: éste, ése, aquél.

• **Se corresponden por la distancia a los tres adverbios de lugar: aquí** (este), **ahí** (ese), **allí** (aquel)

•**El neutro** (sólo como pronombre y no lleva acento) **es para indicar algo indefinido en singular o en plural.**
Ej.: ¿Qué es eso?

• **El pronombre personal ELLO tiene valor de demostrativo neutro similar a "esto" o "eso".**
Ej.: **Ello** es verdad = **eso** es verdad.
Por **ello** = por **eso**.

Pronombres interrogativos

¿QUIÉN-ES?	**Sólo para personas.** Ej.: ¿Quién eres? ¿Quiénes son?
¿QUÉ?	**Precede el verbo.** Ej.: ¿Qué haces? **Como adjetivo invariable precede al sustantivo.** Ej.: ¿Qué hora es?
¿CUÁL-ES?	**Precede al verbo, nunca al sustantivo.** Ej.: ¿Cuál es la diferencia?
¿CÓMO?	**Pregunta por el estado o condición.** Ej.: ¿Cómo estás?
¿DÓNDE?	**= En donde. Con verbos de reposo.** Ej.: ¿Dónde está?
¿ADÓNDE?	**Con verbos de movimiento hacia el objetivo.** Ej.: ¿Adónde vas?
¿DE DÓNDE?	**Con verbos de movimiento desde la procedencia.** Ej.: ¿De dónde vienes?
¿POR QUÉ?	**Pregunta por el motivo.** Ej.: ¿Por qué haces esto? Porque...
¿PARA QUÉ?	**Pregunta por la finalidad.** Ej.: ¿Para qué usas esto? Para...
¿CUÁNDO?	**Pregunta en qué tiempo o en qué momento.** Ej.: ¿Cuándo vendrás?

Siempre tienen acento, a diferencia de los pronombres relativos.

El pronombre relativo

QUE	Es invariable y sirve para masculino, femenino, singular y plural, para personas o cosas, se refiere al sujeto o al complemento. Admite el artículo definido: el, la, los, las que. Ej.: El hombre **que** viene, la mujer que va. El perro **que** veo, las peras que como. El hombre para **el que** trabajo.
El-La CUAL Los-Las CUALES	Va siempre acompañado del artículo definido. Se aplica para personas y para cosas. Detrás de una preposición es igual a QUE. Ej.: La casa **en la cual** (en la que) vivo.
QUIEN-ES	Sólo para personas. Se puede sustituir por QUE o CUAL si éstos llevan el artículo definido. Ej.: El hombre **con quien** (con el que, o con el cual) hablo es mi primo.
CUYO-A/S	Indica forma de posesión, es igual a: "de que, del cual, de quien" (en masculino singular). Se refiere a personas y a cosas y su género y número se forma por la cosa poseída y no por el poseedor. Ej.: El hombre **cuyas** hijas conozco es inglés.
CUANTO	Se puede usar como pronombre relativo en lugar de "lo que" después de "todo" o "tanto". Ej.: Gasto todo **cuanto** (lo que) quiero.
DONDE	Se usa como pronombre relativo si se refiere a algún lugar. Tiene significado de "el lugar en que". Ej.: Fue en Madrid **donde** nació.
LO QUE	Forma neutra = "la cosa que". Ej.: Esto es **lo que** quiero.

Pronombres y adjetivos indefinidos

ALGO	Para cosas, en la forma afirmativa e interrogativa. Ej.: ¿Hay **algo** aquí? Sí, hay **algo**.
NADA	Para cosas, en la forma negativa. Si va detrás de un verbo, éste va precedido de NO. Ej.: **Nada** hay o No hay **nada**.
ALGUIEN	Para personas, se usa en forma interrogativa y afirmativa. Ej.: ¿Hay **alguien** aquí? Sí, hay **alguien**.
NADIE	Para personas, en la forma negativa. Si va detrás de un verbo, éste va precedido de NO. Ej.: **Nadie** lo dice, o No lo dice **nadie**.
ALGUNO-A/S	Para personas y cosas determinadas, en forma interrogativa y afirmativa. Ej.: ¿Tienes algún libro? Sí, tengo **alguno**. El plural **algunos-as** se puede sustituir por **unos-as.**
NINGUNO-A	Para personas y cosas determinadas, en la forma negativa. Si va detrás de un verbo, éste va precedido de NO. Ej.: **Ninguno** estaba allí. Allí no estaba **ninguno**. **Alguno** y **ninguno** pierden la O final delante de un sustantivo. Ej.: ¿Tiene **algún** plan? - No tengo **ningún** libro.
CADA	Invariable. Precede al sustantivo. Ej.: **Cada** uno tiene un libro.

SE	Invariable. Ej.: **Se** dice que llegará pronto.
CUALQUIERA	Pierde la A final delante de un sustantivo: Ej.: Cualquier hombre.
VARIOS-AS	Ej.: Tiene **varios** hijos y **varias** hijas.
TAL-TALES	Ej.: No hablo con **tales** personas.
MUCHO-A / S	Ej.: **Muchos** lo quieren así.
POCO-A / S	Ej.: Tengo **pocas** ganas de ir.
BASTANTE-S	Ej.: Tengo **bastante** dinero.
OTROS-A / S	Puede llevar artículo definido, pero nunca artículo indefinido "un", "una". Ej.: Uno dijo sí, el **otro** dijo no
MISMO-A / S	Ej.: Hace el **mismo** trabajo cada día.
CIERTO-A / S	Ej.: Tenemos **ciertos** problemas.
TODO-A / S	Ej.: **Todos** estuvieron de acuerdo. **Toda** la gente lo sabía

El adjetivo

Género y número

a) SITUACIÓN

- **El adjetivo va detrás del sustantivo y tiene su mismo género y número.**

Ej.: La casa blanca. Los perros negros.

pero puede ir delante para reforzar el valor del adjetivo; en este caso "bueno" y "malo" pierden la **O**, y "grande" pierde la **DE** final.

Ej.: Un maravilloso coche. Una inmensa casa.
Un **buen** soldado. Una **gran** escritora.

- **MUCHO, POCO y OTRO van siempre delante del sustantivo.**

Ej.: **Mucho** calor. **Poco** dinero. **Otro** café.

b) FORMACIÓN DEL PLURAL (igual que el sustantivo)

- **Añade una S si termina en vocal no acentuada.**

Ej.: Caro Caro**s**

- **Añade ES si termina en consonante o "í" acentuada.**

Ej.: Feliz Felic**es**
Marroquí Marroquí**es**

c) FORMACIÓN DEL FEMENINO

- **Los adjetivos en O forman su femenino en A.**

Ej.: Libro barat**o**. Camisa barat**a**.

- **Los demás adjetivos son invariables.**

Ej.: Un hombre important**e**. Una mujer important**e**.

Numerales cardinales y ordinales

Adjetivos numerales cardinales

1 uno, un; una	10 diez	19 diecinueve	100 ciento
2 dos	11 once	20 veinte	200 doscientos
3 tres	12 doce	30 treinta	300 trescientos
4 cuatro	13 trece	40 cuarenta	400 cuatrocientos
5 cinco	14 catorce	50 cincuenta	500 quinientos
6 seis	15 quince	60 sesenta	600 seiscientos
7 siete	16 dieciséis	70 setenta	700 setecientos
8 ocho	17 diecisiete	80 ochenta	800 ochocientos
9 nueve	18 dieciocho	90 noventa	900 novecientos
1.000 mil		1.000.000 un millón	

- Las unidades se suman a las decenas con la conjunción **"y"**.
  Ej.: treinta **y** uno.
- **Entre 20 y 30** forman una sola palabra cambiando "y" por **"i"**.
  Ej.: veint**i**uno.
- **CIENTO** delante de un nombre o del numeral MIL cambia en CIEN.
  Ej.: **cien** personas; **cien mil.**
- **CIENTO** detrás de otro numeral toma la forma de plural CIENTOS para el masculino y CIENTAS para el femenino.
  Ej.: doscient**os** euros, trescient**as** sillas.
- **MIL** detrás de otro numeral es invariable.
  Ej.: tres mil.

Adjetivos numerales ordinales

1º, 1ª primero/a	11º decimoprimero	21º vigésimo primero
2º segundo	12º décimo segundo	22º vigésimo segundo
3º tercero	13º decimotercero	23º vigésimo tercero
4º cuarto	14º decimocuarto	30º trigésimo
5º quinto	15º decimoquinto	40º cuadragésimo
6º sexto	16º decimosexto	50º quincuagésimo
7º séptimo	17º decimoséptimo	60º sexagésimo
8º octavo	18º decimoctavo	70º septuagésimo
9º noveno	19º decimonoveno	80º octogésimo
10º décimo	20º vigésimo	90º nonagésimo

- Los adjetivos numerales ordinales tienen el masculino o el femenino así como el plural. Basta cambiar º por ª para indicar que es femenino.

  Ej.: Soy la 1ª **primera** de mi clase.
  Fueron los **cuartos** en llegar.

- En la práctica solo se usan como ordinales desde el 1 al 10 (primero al décimo). Desde el décimo primero hasta el trigésimo también se usa los numerales:

  Ej.: Vivo en la planta **décimo segunda,** o en la planta doce.

- A partir del 31º es más raro el uso de los ordinales y más usados los cardinales como ordinales.

  Ej.: Se encuentra en el puesto 32 (treinta y dos) de la escala.

- Con el nombre de reyes, papas, etc. se usa el ordinal hasta el décimo y después los numerales cardinales.

  Ej.: Alfonso X **(décimo)**; Alfonso XII **(doce);** Juan XXII **(veintidós).**

Adjetivos comparativos y superlativos

Adjetivo comparativo

MÁS .... QUE	"Más" precede a un adjetivo o a un sustantivo. Ej.: Él es más alto y tiene más dinero que yo.
MENOS ... QUE	"Menos" precede a un adjetivo o a un sustantivo. Ej.: Soy menos alto que tú. Tengo menos años que él.
TAN .... COMO	"Tan" sólo precede a un adjetivo. Ej.: Son tan importantes como ellos.
TANTO-A/S .... COMO	"Tanto-a/s" sólo precede a un sustantivo. Ej.: Hay tantos hombres como mujeres.

Formas irregulares optativas:

Más bueno	o	MEJOR	
Más malo	o	PEOR	
Más grande	o	MAYOR	(o de más edad)
Más pequeño	o	MENOR	(o de menos edad)
Más arriba	o	SUPERIOR	(o de más calidad)
Más abajo	o	INFERIOR	(o de menos calidad)

- Se usa como expresión de admiración la forma de comparativo, aunque no significa comparación.

  Ej.: ¡Qué coche tan (o más) caro!

- Si MÁS o MENOS van seguidos de una expresión numérica usa la preposición DE en vez de QUE, o si no compara con otro.

  Ej.: Gana más de lo que dice .
  Cuesta más de 1.000 ?

- Un verbo en negativo con el comparativo "más que" significa "sólo" con el verbo afirmativo.

  Ej.: No tiene más que pedirlo. (Sólo tiene que pedirlo)
  No gana más que 5.000 €. (Sólo gana...)

Adjetivo superlativo

Relativo:

El, la, los, las MAS .....DE	Ej.: Es **el más** alto de todos.
El, la, los, las MENOS....DE	Ej.: Es **el menos** complicado.

- Si usamos el sustantivo se pone después del artículo.
  Ej.: Es la ciudad **más grande del** mundo.

Absoluto:

MUY + adjetivo	Ej.: La casa es **muy vieja.**
o	
Adjetivo + ÍSIMO– A / S	Ej.: La casa es **viejísima**.

- **MUY** se puede sustituir por otro adverbio como "enormemente" o "sumamente".
  Ej.: Es **enormemente** rico.
  Es **muy** rico.

Conjunciones (más importantes)

Y, E	Se usa **E** si la palabra siguiente comienza por "i". Ej.: Francia **e** Inglaterra.
O, U	Se usa **U** si la palabra siguiente comienza por "o". Ej.: Uno **u** otro.
NI	Precedida de un verbo, éste va precedido de "no". Ej.: **No** tengo **ni** sed **ni** hambre.
PERO (MAS)	Fui a verle, **pero** (**mas**) no estaba. De similar significado son: "sin embargo", "no obstante".
SINO	No es alemán, **sino** austriaco. **SINO QUE** tiene similar significado, pero precede a un verbo.
PORQUE	Trabaja **porque** lo necesita. (Puesto que; ya que; pues).
PUES	Me llamaste, **pues** aquí estoy. (Así pues).
DE MODO QUE	Enfermó, **de modo que** no pudo ir a trabajar. (Igual a: "de forma que", "de manera que").
QUE	Precedida de verbos de duda, sentimiento, deseo, temor o posibilidad, rige subjuntivo. Ej.: Deseo **que venga**.

SI	**Indica duda:** Ej.: No sé **si** vendrá. o **condición:** Ej.: **Si** tengo dinero, lo compraré. **Si** viniera le vería.
** PARA QUE	Voy **para que** me vea. (A fin de que).
* CUANDO	Vendrá **cuando** pueda (Así que; tan pronto como).
** ANTES DE QUE	Llegaremos **antes de que** sea tarde.
** DESPUÉS DE QUE	Lo creerán **después de que** lo vean.
* MIENTRAS	Fumaron **mientras** hablaban.
* AUNQUE	Iré a verte **aunque** no quieras (Aun cuando, por más que).
** SIN QUE	No sale **sin que** le den permiso.
** SIEMPRE QUE	Lo creo **siempre que** me lo asegures. (Con tal que, a condición de que).

Las conjunciones marcadas con un * nunca llevan un futuro detrás, sino un tiempo de subjuntivo.

Ej.: Iré aunque no **esté**.

Las marcadas con ** siempre rigen subjuntivo.

Ej.: Se lo digo para que lo **haga**.

Preposiciones

A	**- Dirección y término de movimiento:** Ej.: Voy a la playa. **- Situación referente a otro objeto:** Ej.: Sentarse a la mesa. **- En expresiones:** Ej.: Ir a pie, Andar a gatas, Escrito a mano. **- Delante del compl. directo de personas:** Ej.: Veo a mi abuela. **- Detrás de algunos verbos:** Ej.: Empezar a. Dedicarse a. Volver a. **- Con tiempo horario:** Ej.: A las 5 en punto. A medianoche.
EN	**- Situación:** Ej.: Estoy en casa. **- Dirección al interior:** Ej.: Entro en el cuarto. **- Medio de transporte:** Ej.: Viajar en tren, en bicicleta. Excepción: A caballo. **- En expresiones:** Ej.: Hablar en serio, en broma, en secreto. **- Detrás de algunos verbos:** Ej.: Pensar en, Entretenerse en.

DE	- **Posesión:** Ej.: El coche de mi tío. - **Material:** Ej.:El reloj de oro. - **Asunto:** Ej.: Hablamos de economía. - **Parte:** Ej.: Un poco de jamón. - **Origen:** Ej.: Vengo de mi casa. - **En expresiones:** Ej.: Estoy de pie. Estamos de acuerdo. - **Tiempo:** Ej.: De noche. De día.
PARA	- **Finalidad:** Ej.:Estudio para aprender. - **Destino:** Ej.: Un regalo para mí. El tren para Madrid. - **Fijación de tiempo futuro:** Para mañana. Para el próximo año. - **Causa:** Ej.: No trabajo por mi enfermedad (a causa de). - **Sustitución:** Ej.: Fue a trabajar por su padre (en lugar de).
POR	- **En las frases pasivas:** Ej.: Fue mordido por un perro. - **Lugar de tránsito**: Ej.: Paseamos por la ciudad. - **Medio:** Ej.: Por la radio. Por teléfono. Por el periódico. - **Expresiones de modo:** Ej.: Por prudencia. Por casualidad, - **Tiempo:** Ej.: Por el día, Por la mañana. Por una semana. - **Precio:** Ej.: Lo compré por 800 €. - **Medición:** Ej.: 100 km. por hora, 70 € por kilo.

CON	- **Medio o instrumento:** Ej.: Escribo con la pluma. - **Expresiones de modo:** Ej.: Con prudencia. Con cuidado. - **Compañía:** Ej.: Voy con mi padre, Carne con patatas.
CONTRA	- **Oposición**: Ej.: Unos contra otros. Chocó contra la pared.
ANTE	- **(DELANTE DE):** Ej.: Se paró ante la puerta.
BAJO	- **(DEBAJO DE):** Ej.: Duerme bajo techo.
DESDE	- **Punto de partida en el espacio y en el tiempo:** Ej.: Desde aquí. Desde ahora.
ENTRE	- **Situación intermedia:** Ej.: Entre la mesa y la pared. - **Cooperación:** Ej.: Lo haremos entre los tres.
HACIA	- **Dirección con aproximación:** Ej.: Hacia el Norte. - **Tiempo aproximado:** Ej.: Hacia el verano, Hacia las 5.
SEGÚN	- Ej.: Habla según piensa, Actúa según las leyes.
SIN	- **Privación:** Ej.: Estoy sin dinero.
SOBRE	- **(ENCIMA DE):** Ej.: Vuela sobre las nubes. - **Aproximación:** Ej.: Cuesta sobre 500 €. - **Asunto:** Ej.: Hablaron sobre su familia.
TRAS	- **DETRÁS DE):** Ej.: Estaba tras la ventana. - **(DESPUÉS DE):** Ej.: Tras el invierno vino la primavera.

Interjecciones (más usuales)

¡Hombre!	¡Genial!	¡Ni hablar!	¡Ojalá!	¡Socorro!
¡Caramba!	¡Claro que sí!	¡Maldito!	¡Fuera!	¡Qué lástima!
¡Viva!	¡Claro que no!	¡Maldición!	¡Cuidado!	¡Desde luego!
¡Estupendo!	¡Qué va!	¡Bien venido!	¡Adiós!	¡De veras!

Adverbios y frases adverbiales

Adverbios

DE MODO:

bien	mal	así	deprisa	despacio

DE LUGAR:

aquí (acá) ahí allí (allá)	arriba - abajo encima - debajo dentro - fuera	cerca - lejos delante - detrás junto - enfrente

DE TIEMPO:

ayer, anoche anteayer hoy mañana pasado mañana	antes ahora luego después tarde temprano	siempre nunca jamás todavía aún ya	mientras pronto primero entonces de día de noche

DE CANTIDAD:

mucho - poco muy bastante	menos demasiado algo	nada sólo al menos	siquiera casi tanto

DE AFIRMACIÓN:

sí claro cierto	de seguro realmente en efecto	sin duda desde luego también

DE NEGACIÓN:

no	al contrario	ni siquiera	tampoco

DE DUDA:

quizá/s	acaso	tal vez	a lo mejor	seguramente

Frases adverbiales más impostantes

a bordo	a ratos	de repuesto
a bulto	a remolque	de rodillas
a caballo	a salvo	de sobra
a cada momento	a sangre fría	de tarde en tarde
a ciegas	a secas	de tiempo en tiempo
a ciencia cierta	a solas	de una vez
a cientos	a tiempo	de uno en uno
a costa de	a traición	de verdad
a docenas	a través de	de vista
a expensas	a veces	en absoluto
a (en) favor de	a voces	en aquel entonces
a gritos	al aire libre	en efecto
a granel	al amanecer	en el acto
a gusto	al anochecer	en esto
a la carta	al contrario	en fin
a la carrera	al habla	en limpio
a la española	al fin	en lugar de
a la francesa	al mediodía	en paz
a la fuerza	al menos	en persona
a la larga	al momento	en principio
a la ligera	al oído	en punto
a la medida	al parecer	en realidad
a la moda	al principio	en regla
la primera	al revés	en resumen

a la redonda	ante todo	en seco
a la vuelta	antes de anoche	en secreto
a las claras	así (como) así	en serie
a lo mejor	de acá para allá	en serio
a lo tonto	de arriba abajo	en sueños
a lo último	de buena gana	en vano
a malas	de cuando en cuando	en vista de
a mano	de golpe (y porrazo)	entre sí
a más no poder	de hoy en adelante	por ahí
a media luz	de largo	por (las) buenas
a media voz	de mal en peor	por cierto
a más no poder	de mala gana	por el contrario
a media luz	de momento	por lo común
a media voz	de muerte	por lo menos
a medias	de noche	por milagro
a medio hacer	de nuevo	por nada
a menudo	de palabra	por poco
a millares	de par en par	por si acaso
a mi vez	de paso	por supuesto
a muerte	de prisa (y corriendo)	sin duda
a oscuras	de pronto	sin falta
a pares	de rato en rato	sin más ni más
a pie	de repente	uno por uno
a plazos	a propósito	a punto

Prefijos y sufijos

PREFIJOS

Son elementos que colocados delante de una palabra y unidos a ésta, determinan o modifican su significado.

A) DE NEGACIÓN

A	normal
IN	mortal
IM	posible
DE	formar
DES	aparecer

B) DE REPETICIÓN

RE	pasar

C) DE CANTIDAD

SEMI	círculo
MONO	sílaba
BIS	abuelo
TRI	ángulo

D) DE SITUACIÓN

EXTRA	terrestre
PRE	ver
POS	guerra
SUB	marino
TRANS	alpino
ULTRA	mar

SUFIJOS

Son elementos que colocados detrás de una palabra y unidos a ésta, determinan o modifican su significado.

A) DIMINUTIVOS

cigarr	ILLO
pajar	ITO
mes	ILLA
cas	ITA

- Si la palabra termina en "e" o en consonante, se añade CILLO o CITO.

hombre	CITO
hombre	CILLO

B) AUMENTATIVOS

sill	ÓN
perr	AZO
cas	ONA
boc	AZA

- El sufijo **AZO** significa también "golpe de":

cañon**AZO** manot**AZO** puñet**AZO**	baston**AZO** telefon**AZO** rodill**AZO**	porr**AZO** arañ**AZO** bal**AZO**

C) DESPECTIVOS

cuart	**UCHO**
cas	**UCHA**

Verbos

El verbo auxiliar haber

Infinitivo	Gerundio	Participio
HABER	HABIENDO	HABIDO

Infinitivo compuesto	Gerindio compuesto
HABER HABIDO	HABIENDO HABIDO

INDICATIVO

Tiempos simples

Presente
HE
HAS
HA
HEMOS
HABÉIS
HAN

Tiempos compuestos

Pretérito perfecto	
HE	+habido
HAS	
HA	
HEMOS	
HABÉIS	
HAN	

Tiempos simples

Pret. indefinido
HUBE
HUBISTE
HUBO
HUBIMOS
HUBISTEIS
HUBIERON

Tiempos compuestos

Pretérito anterior	
HUBE	+habido
HUBISTE	
HUBO	
HUBIMOS	
HUBISTEIS	
HUBIERON	

El pretérito anterior no se usa en la práctica oral y solo lo encontramos en la literatura.

Imperfecto
HABÍA
HABÍAS
HABÍA
HABÍAMOS
HABÍAIS
HABÍAN

Pluscuamperfecto	
HABÍA	+habido
HABÍAS	
HABÍA	
HABÍAMOS	
HABÍAIS	
HABÍAN	

Condicional simple
HABRÍA
HABRÍAS
HABRÍA
HABRÍAMOS
HABRÍAIS
HABRÍAN

Condicional compuesto	
HABRÍA	+habido
HABRÍAS	
HABRÍA	
HABRÍAMOS	
HABRÍAIS	
HABRÍAN	

SUBJUNTIVO

Tiempos simples Tiempos compuestos

Presente
HAYA
HAYAS
HAYA
HAYAMOS
HAYÁIS
HAYAN

Pretérito perfecto	
HAYA	+habido
HAYAS	
HAYA	
HAYAMOS	
HAYÁIS	
HAYAN	

Imperfecto
HUBIERA
HUBIERAS
HUBIERA
HUBIÉRAMOS
HUBIERAIS
HUBIERAN

Pluscuamperfecto	
HUBIERA	+habido
HUBIERAS	
HUBIERA	
HUBIÉRAMOS	
HUBIERAIS	
HUBIERAN	

TERMINACIONES DE LOS VERBOS REGULARES

Tiempos simples

Infinitivo	Gerundio	Participio
Am AR	ANDO	ADO
Tem ER	IENDO	IDO
Part IR	IENDO	IDO

Tiempos compuestos

Infinitivo	Gerundio
Haber am ADO	Habiendo am ADO
" tem IDO	" Tem IDO
" part IDO	" part IDO

INDICATIVO

Presente		
(amar)	(temer)	(partir)
O	O	O
AS	ES	ES
A	E	E
AMOS	EMOS	IMOS
ÁIS	ÉIS	ÍS
AN	EN	EN

Pretérito perfecto	
HE	+ amado temido partido
HAS	
HA	
HEMOS	
HABÉIS	
HAN	

Pret. Indefinido		
(amar)	(temer)	(partir)
É	Í	Í
ASTE	ISTE	ISTE
Ó	IÓ	ÍO
AMOS	IMOS	IMOS
ÁSTEIS	ISTEIS	ISTEIS
ARON	IERON	IERON

Pretérito anterior	
HUBE	+ amado temido partido
HUBISTE	
HUBO	
HUBIMOS	
HUBISTEIS	
HUBIERON	

Imperfecto		
(amar)	(temer)	(partir)
ABA	ÍA	ÍA
ABAS	ÍAS	ÍAS
ABA	ÍA	ÍA
BAMOS	ÍAMOS	ÍAMOS
BAIS	ÍAIS	ÍAIS
BAN	ÍAN	ÍAN

Pluscuamperfecto	
HABÍA	+ amado temido partido
HABÍAS	
HABÍA	
HABÍAMOS	
HABÍAIS	
HABÍAN	

Futuro simple		
(amar)	(temer)	(partir)
É	É	É
ÁS	ÁS	ÁS
Á	Á	Á
EMOS	EMOS	EMOS
ÉIS	ÉIS	ÉIS
ÁN	ÁN	ÁN

Futuro compuesto	
HABRÉ	+ amado temido partido
HABRÁS	
HABRÁ	
HABREMOS	
HABRÉIS	
HABRÁN	

El futuro y el condicional se forman con el infinitivo más las terminaciones: **amar**E, **temer**É, **partir**É.

Condicional simple		
(amar)	(temer)	(partir)
ÍA	ÍA	ÍA
ÍAS	ÍAS	ÍAS
ÍA	ÍA	ÍA
ÍAMOS	ÍAMOS	ÍAMOS
ÍAIS	ÍAIS	ÍAIS
ÍAN	ÍAN	ÍAN

Condicional comp.	
HABRÍA	+ amado temido partido
HABRÍAS	
HABRÍA	
HABRÍAMOS	
HABRÍAIS	
HABRÍAN	

El pretérito anterior no se usa en la práctica oral y sólo lo encontramos en la literatura.

SUBJUNTIVO

Presente		
(amar)	(temer)	(partir)
E	A	A
ES	AS	AS
E	A	A
EMOS	AMOS	AMOS
ÉIS	AIS	AIS
EN	AN	AN

Pretérito perfecto	
HAYA	amado + temido partido
HAYAS	
HAYA	
HAYAMOS	
HAYÁIS	
HAYAN	

Pretérito imperfecto		
(amar)	(temer)	(partir)
ARA/ ASE	IERA/ IESE	IERA/ IESE
ARAS/ ASES	IERAS/ IESES	IERAS/ IESES
ARA/ ASE	IERA/ IESE	IERA/ IESE
ÁRAMOS/ ÁSEMOS	IÉRAMOS/ IÉSEMOS	IÉRAMOS/ IÉSEMOS
ARAIS/ ASEIS	IERAIS/ IESEIS	IERAIS/ IESEIS
ARAN/ ASEN	IERAN/ IESEN	IERAN/ IESEN

Pluscuamperfecto	
HUBIERA/ HUBIESE	amado + temido partido
HUBIERAS/ HUBIESES	
HUBIERA/ HUBIESE	
HUBIÉRAMOS/ HUBIÉSEMOS	
HUBIERAIS/ HUBIESEIS	
HUBIERAN/ HUBIESEN	

IMPERATIVO

Afirmativo			
	(amar)	(temer)	(partir)
tú	A	E	E
Vd.	E	A	A
nosotros	EMOS	AMOS	AMOS
vosotros	AD	ED	ID
Vds.	EN	AN	AN

Negativo				
		(amar)	(temer)	(partir)
tú	no	ES	AS	AS
Vd.	no	E	A	A
nosotros	no	EMOS	AMOS	AMOS
vosotros	no	ÉIS	ÁIS	ÁIS
Vds.	no	EN	AN	AN

IRREGULARIDADES DE LOS VERBOS

Infinitivo	tom AR	com ER	part IR
Participio Irregulares:	**tom ADO** escrito hecho dicho abierto	**com IDO** puesto visto vuelto cubierto	**part IDO** impreso resuelto muerto roto
Gerundio Irregulares:	**tom ANDO** pudiendo diciendo	**com IENDO** durmiendo midiendo	**part IENDO** muriendo pidiendo

INDICATIVO

PRESENTE

AR:	--o	--as	--a	--amos	--áis	--an
ER:	--o	--es	--e	--emos	--éis	--en
IR:	--o	--es	--e	--imos	--ís	--en

Irregulares: Cambian:	Por ejemplo:
de **E** a **IE**	querer (qu**ie**ro), pensar, empezar, sentir, regar, sentar...
de **E** a **I**	pedir (**pido**), vestir, seguir, medir, elegir...
de **O** a **UE**	poder (p**ue**do), contar, costar, mover, volver, oler.
de **UI** a **UY**	huir (hu**y**o) construir, destruir, influir...
de **C** a **ZCO** (primera pers. sing.)	Conocer (cono**zco**) y los verbos que acaban en -**ecer**, -**ocer**, -**ucir**. Condu**zco**, tradu**zco**...

Atención: **La primera y segunda persona plural son siempre regulares:**
(queremos, reímos).
a) Sólo cambian en la primera persona del singular:

traigo - salgo - hago - sé - valgo
pongo - quepo - estoy - veo - doy.

b) Los siguientes son totalmente irregulares:

ser - haber - ir - venir - tener - decir.

PRETÉRITO INDEFINIDO

-é	**-aste**	**-ó**	**-amos**	**-asteis**	**-aron**	**-an**
-í	**-iste**	**-ió**	**-imos**	**-isteis**	**-ieron**	**+ Verbo dar**

Los pretéritos indefinidos regulares tienen un acento en la última sílaba de la primera y tercera persona.

Irregularidad especial: Los siguientes pasados no llevan acento puesto que no se acentúan sobre la última sílaba:

-e	-iste	-o	-imos	-isteis	-ieron

Tener:	**TUVE**	Poder:	**PUDE**
Haber:	**HUBE**	Hacer:	**HICE**
Estar:	**ESTUVE**	Traer:	**TRAJE**
Andar:	**ANDUVE**	Decir:	**DIJE**
Querer:	**QUISE**	Venir:	**VINE**
Poner:	**PUSE**	Caber:	**CUPE**
Saber:	**SUPE**		

Ser e ir toman la misma forma en el **pretérito** :

SER / IR	fui	fuiste	fue	fuimos	fuisteis	fueron

Producir, conducir y traducir toman una **J** en todas las personas:

producir : **conducir :** **traducir :**	**-je**	**-jiste**	**-jo**	**-jimos**	**-jisteis**	**-jeron**

Otros verbos irregulares que acaban en **-IR** y que en presente cambian la **E** en **I** (pedir = pido) cambian también la **I** en la tercera persona del pretérito indefinido (en singular y en plural): (pidió, pidieron). (pedir, vestir, seguir, medir, elegir...)

DORMIR y MORIR cambian la O en U en la tercera persona del singular y del plural.					
Dormí	dormiste	durmió	dormimos	dormisteis	durmieron
Morí	moriste	murió	morimos	moristeis	murieron

IMPERFECTO

tom:	**-aba**	**-abas**	**-aba**	**-ábamos**	**-abais**	**-aban**
com: part:	**-ía**	**-ías**	**-ía**	**-íamos**	**-íais**	**-ían**

IRREGULARES

SER	era	eras	era	éramos	erais	eran
IR	iba	ibas	iba	íbamos	ibais	iban
VER	veía	veías	veía	veíamos	veíais	veían

FUTURO Y CONDICIONAL

= **Infinitivo** (tomar, comer, partir) +

Futuro	-é	-ás	-á	-emos	-éis	-án
Condicional	-ía	-ías	-ía	-íamos	-íais	-ían

IRREGULARES

pon**dré** pon**dría**	ten**dré** ten**dría**	ven**dré** ven**dría**	sal**dré** sal**dría**	po**dré** po**dría**	val**dré** val**dría**
di**ré** di**ría**	ha**ré** ha**ría**	que**rré** que**rría**	sab**ré** sab**ría**	ha**bré** ha**bría**	ca**bré** ca**bría**

SUBJUNTIVO

PRESENTE

AR	-e	-es	-e	-emos	-eis	-en
ER+IR	-a	-as	-a	-amos	-ais	-an

Irregulares:	Misma irregularidad que en la 1ª persona presente indicativo: (haga, tenga, ponga, quepa, venga, diga, salga, etc.)
= imperativo de Vd.:	(haga Vd. el favor, dígame eso, salga de aquí...etc.)

Excepciones:

ser: SEA	ir: VAYA	saber: SEPA
estar: ESTÉ	dar: DÉ	haber: HAYA

Irregulares: Tienen la misma irregularidad que la 3ª pers. plural del Pret. Indef. (fuera, trajera)

IMPERFECTO

AR	**-ara** (ase)	**-aras**	**-ara**	**-áramos**	**-arais**	**-aran**
ER+IR	**-iera** (iese)	**-ieras**	**-iera**	**-iéramos**	**-ierais**	**-ieran**

Irregulares: Misma irregularidad que la 3ª persona plural del Pret. Indef.

fueron = fueran **trajeron** = trajeran **dieron** =dieran

IMPERATIVO

		tú	Vd.	Nosotros	Vosotros	Vd.
AR	afirmativo	-a	-e	-emos	-ad	-en
	negativo	no -es	no -e	no -emos	no -éis	no -en
ER + IR	afirmativo	-e	-a	-amos	-ed/-id	-an
	negativo	no -as	no -a	no -amos	no -áis	no -an

Irregulares, en segunda persona singular

(hacer) **haz**	(poner) **pon**	(saber) **sé**	(decir) **di**	(ver) **ve**	(salir) **sal**	(venir) **ven**	(tener) **ten**

La forma negativa + la afirmativa de Vd., Vds.
y nosotros es igual al subjuntivo presente.

ser: SEA / N / AMOS ir: VAYA / N / AMOS saber: SEPA / N / AMOS
estar: ESTÉ / N / EMOS dar: DÉ / N / EMOS

VERBOS IRREGULARES

Grupo I

E cambia a IE	calentar	cerrar	comenzar
	despertar	empezar	negar
	nevar	pensar	regar
	sentar	serrar	defender
	encender	entender	perder

Este cambio ocurre en el presente del indicativo y del subjuntivo así como en el imperativo, (con la excepción de la primera y segunda persona plural).

Ej. : yo cal**ie**nto, nosotros cal**e**ntamos, vosotros cal**e**ntáis.

Imperativo: tú cal**ie**nta, nosotros calent**e**mos, vosotros cal**e**ntad.

Grupo II

O (o U) cambia a UE	acordar	almorzar	aprobar
	colgar	contar	costar
	encontrar	mostrar	probar
	rodar	rogar	sonar
	soñar	tostar	jugar
	doler	llover	mover
	morder	oler	soler
	volver		

Los cambios tienen lugar en los mismos tiempos y personas que en el grupo I.

Ej.: yo v**ue**lvo, nosotros volv**e**mos, vosotros v**o**lvéis,

Imperativo:tú v**ue**lve, nosotros v**o**lvamos, vosotros v**o**lved.

Grupo III

E cambia a I	elegir	freír	medir
	pedir	reír	seguir
	servir	vestir	repetir

Los cambios tienen lugar en los mismos tiempos y personas que en el grupo I y II más la tercera persona del pretérito indefinido, más el imperfecto del subjuntivo.

Ej.: elijo, elegimos, elegís, elige, elegid.

+ **Pretérito indefinido:** eligió, eligieron.

+ **Imperfecto de subj.:** eligiera.

+ **Gerundio**: eligiendo.

Grupo IV

E cambia a IE	mentir	divertir	sentir
	advertir	arrepentirse	

Los cambios tienen lugar en los mismos tiempos y personas que en el grupo **I**, más **E** cambia a **I** en la tercera persona del pretérito indefinido, más en el imperfecto de subjuntivo y en el gerundio.

Ej.: miento, mentimos, mentís, miente, mintamos.

+ **Pretérito indefinido:** mintió, mintieron.

+ **Imperfecto de subj.:** mintiera.

+ **Gerundio :** mintiendo.

PECULIARIDADES DE ALGUNOS VERBOS

HABER	Se usa como verbo auxiliar en frases activas. Unido al participio forma los tiempos compuestos. Ej.: **he** tomado / **había** comido **habré** aprendido / **habría** venido **haya** encontrado / **hubiera** comprado
HABER DE + Inf.	= "Deber" o "Tener que". Ej.: **Hemos de** volver pronto. (**Tenemos que** volver pronto)
TENER QUE + Inf.	= "Deber" o "Haber de" pero de significado más fuerte. Ej.: Para comer **tengo que** trabajar.
SER	- Indica una situación permanente y estable. Ej.: Ellos **son** españoles. - Sirve de verbo auxiliar en las frases pasivas. Ej.: **Es mordido/a** por el perro.
ESTAR	- Indica una situación corta y transitoria. Ej.: **Estamos** enfermos-as. - Indica el lugar o situación (transitoria o permanente). Ej.: Madrid **está** en España. - Precede a un participio que hace de adjetivo. El adjetivo varía su género y número según el sujeto. Ej.: La puerta **está** abierta y el balcón cerrado.

SOLER	- Precede a otro verbo en infinitivo. - No se conjuga ni en futuro ni en condicional ni en indefinido. Ej.: **Suelo ir** al cine los domingos.
LLOVER LLEVAR TRONAR	- Sólo se usan en 3ª p. singular. Ej.: Aquí **llueve** mucho. Ayer **nevó** en la montaña. - Otros verbos unipersonales son: amanecer, anochecer, hacer buen/mal tiempo, hacer sol, etc.
ACABAR DE + inf.	- La acción se ha realizado hace poco tiempo. Ej.: **Acabo de** hablar con él.
IR A + inf.	- La acción se realizará pronto. Ej.: Parece que **va a** llover.
VOLVER A + inf.	- La acción se realiza de nuevo. = Futuro + "otra vez". Ej.: **Volveré a** leer el libro. **leeré** otra vez.
ECHAR/SE A + inf. (Ponerse a)	- La acción comienza de manera repentina = "comenzar a". Ej.: **Se echó a** llorar. **Echó a** correr. **Se puso a** trabajar.
DEJAR DE + inf.	- La acción termina. Ej.: Quiere **dejar de** fumar.
DEBER DE + inf.	- La acción no es segura = "creo que"; "parece que". Ej.: **Deben de** estar durmiendo.

IR + ger.	- La acción se está realizando despacio. Ej.: Ellos **van aprendiendo** el idioma.
ESTAR + ger.	- La acción está empezada y continúa. Ej.: **Está estudiando** medicina.
SEGUIR + ger.	- La acción está empezada y continúa. Ej.: **Sigo creyendo** en él.

VERBOS QUE INDICAN CAMBIO O TRANSFORMACIÓN

VOLVERSE QUEDARSE	- Indican un cambio rápido a un estado físico permanente. Ej.: **Volverse** loco, ciego. **Quedarse** sordo, ciego, cojo, pobre, delgado.
PONERSE	- Indica un cambio rápido a un estado de corta duración. Ej.: **Ponerse** rojo, pálido, difícil, enfermo, gordo.
HACERSE	- Indica un cambio lento a un estado permanente o profesión. Ej.: **Hacerse** rico, médico, ingeniero.
LLEGAR A SER	- Igual significado que el anterior. Ej.: **Llegar a ser** presidente, ministro.

VERBOS CON PREPOSICIÓN

DEDICARSE EMPEZAR APRENDER ENSEÑAR DECIDIRSE OBLIGAR COMPROMETERSE	A	**Se dedica a** la pintura. **Empezamos a** trabajar a las 9. **Aprendió a** leer en la escuela. **Le enseñan a** conducir un coche. **Se decidió a** dejar su trabajo. **No me obligues a** marcharme. No debes **comprometerte a** hacer eso.
DEJAR ACABAR OLVIDARSE ALEGRARSE LAMENTARSE TENER GANAS COMPONERSE	DE	**Dejó de** verla. **Acabó de** leer el libro. **No te olvides de** escribirme. **Me alegro de** verte. **Se lamenta de** su suerte. **Tenemos ganas de** beber un café. **Un año se compone de** 12 meses.
TARDAR CONSISTIR ENTRETENERSE CREER	EN	**Tardo** 10 minutos **en** vestirme. Todo **consiste en** vivir y dejar vivir. Nos **entretenemos en** escuchar música. **Creo en** lo que dices.
SOÑAR	CON	Cada noche **sueño contigo.**

VERBOS REFLEXIVOS

acostarse	citarse	herirse	mojarse	peinarse
acordarse	cortarse	irse	morirse	probarse
afeitarse	despertarse	lavarse	moverse	reírse
alegrarse	equivocarse	levantarse	olvidarse	reunirse
bañarse	estropearse	llevarse	oírse	sentirse
casarse	examinarse	mantenerse	pararse	verse
cerrarse	hallarse	marcharse		

USO DE TIEMPOS Y MODOS

El verbo tiene 2 partes:

a) **LA RAÍZ** o parte invariable:

TOM ar COM er PART ir

b) **LA TERMINACIÓN** o parte variable:

tom O com IERON part IRÁS

Verbo REGULAR es el que no varía su raíz y toma las terminaciones normales de cada tiempo:

TOMar, TOMo, TOMé, TOMaba, TOMaré, TOMaría, TOMe, TOMara.

Verbo **IRREGULAR** es el que varía su raíz:

IR: voy fui iba iré iría vaya fuera.

INFINITIVO

- **Hay 3 terminaciones de infinitivo: AR, ER, IR.**

  La mayoría de los verbos tienen el infinitivo en "ar"; los verbos en "ir" forman la minoría.

- **Los verbos reflexivos van en infinitivo seguidos del pronombre reflexivo de 3ª persona "SE".**

  Ej.: lavar**se**, reír**se**.

- **El infinitivo precedido de "AL" significa lo mismo que "cuando" + indicativo.**

  Ej.: **Al entrar** en la tienda o **cuando** entra (entró) en la tienda.

- **El infinitivo puede hacer de sustantivo.**

  Ej.: **El trabajar** es conveniente.

PARTICIPIO

- Se añade **ADO** a la raíz de un verbo en "**ar**".
- Se añade **IDO** a la raíz de un verbo en "er" o en "**ir**".

Son irregulares:

abierto	muerto	escrito	visto
cubierto	puesto	hecho	vuelto
dicho	roto	impreso	

y los derivados de estos verbos con igual terminación que su infinitivo.

Ej.: **Hacer:** hecho → **Deshacer:** deshecho.
Escribir: escrito → **Describir:** descrito.

- Con el verbo **ESTAR** el participio hace de adjetivo y cambia su género y número.

  Ej.: Está abierto-a, están abiertos-as.

- Con el verbo **SER** forma la voz pasiva y cambian su género y número.

  Ej.: La carta es escrita por el estudiante.

GERUNDIO

•	Se añade **ANDO** a la raíz de un verbo en " **ar** ".
•	Se añade **IENDO** a la raíz de un verbo en " **er** " o en " **ir** ".

Son irregulares:

1º dUrmiendo, mUriendo y pUdiendo.

2º Si antes de la terminación "iendo" hay otra vocal, la **"i" cambia a "y"** y forma **"yendo"**. Del verbo ir hace YENDO.

Ej.: oyendo, cayendo, huyendo.

3º Cambian la **"e" en "i"** en la raíz los verbos que también la cambian en presente o en 3ª persona del indefinido. Ej.:

pedir :	pIdo	pIdió	pIdiendo
servir :	sIrvo	sIrvió	sIrviendo
sentir :	sIEnto	sIntió	sIntiendo.

- Con el verbo **"estar"** delante, indica un presente continuo.

  Ej.: Está **lloviendo.**

- Puede sustituir a "cuando" o "mientras" con verbo en presente o pasado.

  Ej.: Lo escribo **comiendo** (mientras como).
  La vi **entrando** en el cine (cuando entraba en el cine).

- Puede sustituir a "si" con presente.

  Ej.: **Estudiando** (si estudias) lo aprenderás.

- Indica el modo.

  Ej.: ¿Cómo lo has encontrado? **Buscando** (porque lo busqué).

INDICATIVO

PRESENTE

- Expresa una acción realizándose en ese momento y no terminada.

  Ej.: Enrique vive en Barcelona.

- Se puede usar en vez del futuro para una acción segura y próxima.

  Ej.: Mañana voy a verte.

Son irregulares:

a) **Algunos verbos cambian una vocal de su raíz.**

e = ie (pi**e**nso); **e = i** (p**i**do); **o = ue** (pu**e**do); **u = ue** (j**ue**go)

b) **Otros sólo tienen irregular la 1ª persona.**

Ej.: sé, quepo, salgo, hago, pongo, traigo, estoy, doy, veo y los que terminan en ZCO (conozco, crezco, traduzco, conduzco, produzco, reduzco).

c) **Otros tienen irregular la 1ª persona y además cambian una vocal en la raíz u otras letras. Ej.:**

digo	soy	he	voy
vengo	tengo	dices	eres
has	vas	vienes	tienes
dice	es	ha	va
viene	tiene		

De la 1ª persona indicativo derivan:

- **el presente de subjuntivo:** salga, conozca (salvo 6 verbos).
- **el imperativo de Vd./s, y nosotros y todo el imperativo negativo** (salga-n, salgamos, no salgas, etc.)

PRETÉRITO INDEFINIDO

Expresa una acción pasada en un tiempo anterior limitado y terminado.

Ej.: Ayer **estuve** enfermo.
Viví 10 años en Brasil.

Son irregulares:

a) De irregularidad propia, como tuve, estuve, vine, traje, etc.

Su terminación es: **e, iste, o, imos, isteis, ieron.**

b) Si la forma tiene una "j" pierde la "i" de la tercera persona plural.

Estos son: **dijeron, trajeron, tradujeron, condujeron, produjeron.**

Además **SER** e **IR** hacen:

fui, fuiste, fue, fuimos, fuisteis, fueron.

DAR hace:

di, diste, dio, dimos, disteis, dieron.

c) Los verbos **elegir, freír, medir, pedir, reír, servir, vestir y repetir** (que en presente cambia e = i) y los verbos **mentir, divertir, sentir, arrepentir** (que en presente cambian e = ie), también cambian **e = i** en la 3ª persona singular y plural del pretérito indefinido.

Ej.: mintió, sintieron, siguió, repitieron.

d) **MORIR y DORMIR** cambian **o = u** en la 3ª persona singular y plural.
Ej.: murió - murieron, durmió - durmieron.

De la 3ª persona plural del indefinido deriva el imperfecto de subjuntivo.
Ej.: trajera, tuviera, mintiera, muriera, diera.

PRETÉRITO ANTERIOR

El pretérito anterior no se usa en la práctica oral y sólo lo encontramos en la literatura.

Ej.: Cuando **hubo terminado** = después de terminar.

PRETÉRITO PERFECTO

Expresa una acción terminada en un período de tiempo aún no terminado y con una cierta conexión con el momento en que se habla.

Ej.: Hoy **he hablado** con ella.
Este año **ha llovido** poco.

Se forma con el presente de HABER **(he, has, ha, hemos, habéis, han)** más el participio del verbo que se quiere expresar.

El participio terminado en -ADO o en -IDO es invariable en todas las personas.

PRETÉRITO IMPERFECTO

Expresa una acción pasada (como el indefinido), pero coincidente o simultánea con otra acción pasada.

Tiene un carácter de pasado largo, no limitado en el tiempo, o repetido.

Ej.: Cuando **vivía** en el pueblo **conocía** a todos.

Irregulares:

Sólo son 3: **IBA** (ir) **ERA** (ser) **VEÍA** (ver)

- Se emplea en frases indirectas en el pasado.

  Ej.: Dice que piensa ir. Dijo que **pensaba** ir.

- Cuando dentro de una acción ocurre otra de más corta duración, la más larga va en imperfecto y la más corta en indefinido.

  Ej.: Cuando **estaba** en casa sonó el teléfono.

PRETÉRITO PLUSCUAMPERFECTO

Expresa una acción pasada –ya terminada– anterior a otra también pasada.

Ej.: Cuando él llegó, el tren ya **había salido.**

Se forma con el imperfecto de HABER **(había, habías, había, habíamos, habíais, habían)** más el participio del verbo a expresar.

FUTURO SIMPLE

Expresa una acción venidera sin precisar su término.
Ej.: Mañana **vendrá** a verme.

Expresa una probabilidad.
Ej.: **Tendrá** unos 40 años.

Se forma añadiendo las terminaciones **é, ás, á, emos, éis, án,** a la forma de infinitivo.

Irregulares:

a) Algunos verbos quitan una "e" de la raíz: **querré, sabré, cabré** y **podré.**

b) Otros cambian la "e" por una "d" **valdré, tendré, pondré, vendré, saldré.**

c) Otros quitan 2 letras: **diré, haré.**

FUTURO COMPUESTO

Expresa una acción venidera –ya terminada– anterior a otra también venidera.

Ej.: Mañana a esta hora ya me habré marchado.

Se forma con el futuro simple del verbo HABER **(habré, habrás, habrá, habremos, habréis, habrán)** más el participio del verbo a expresar.

CONDICIONAL SIMPLE

Expresa una posibilidad actual o futura en su pleno transcurso.

Ej.: Me **gustaría** salir.

Se usa en frases de cortesía.

Ej.: **¿Podría** darme un café?

Se forma añadiendo las terminaciones **ía, ías, ía, íamos, íais, ían,** a la forma de infinitivo

Irregularidades:
Las mismas que el futuro. (ver página anterior)

CONDICIONAL COMPUESTO

Expresa una posibilidad ya pasada a la que no es posible aspirar

Ej.: Ayer **habría podido** hacerlo.

Se forma con el condicional simple de HABER **(habría, habrías, habría, habríamos, habríais, habrían)** más el participio del verbo a expresar.

SUBJUNTIVO

PRESENTE

El presente de subjuntivo tiene valor de presente o de futuro, según las frases

USOS:

1º Con verbos o expresiones que indican:

- **Deseo :**	quiero	QUE	venga
- **Duda :**	no creo	"	llueva
- **Temor :**	temo	"	se caiga
- **Sentimiento :**	me gusta	"	cantes
- **Posibilidad :**	es posible	"	nieve
- **Necesidad :**	es necesario	"	lo hagas

Así usamos el subjuntivo cuando hay 2 frases y la primera es de deseo, duda, etc. Estas dos frases van unidas por la conjunción **QUE,** y cada frase tiene un sujeto diferente.

2º Algunas conjunciones nunca preceden a un futuro, sino que lo cambian por un subjuntivo. Éstas son:

Cuando: vendré **cuando** pueda.
Como: lo haré **como** pueda.
Aunque: le invitaré **aunque** no venga.
Mientras: comeremos **mientras** tengamos dinero.
El (la, lo, los, las) que: lo verá **el que** quiera.

3º Hay conjunciones que sólo van seguidas de subjuntivo. Éstas son:

Para que: hablo **para que** me escuches.
Sin que: no puedo ir **sin que** me lo permitas.
Antes de que: saldremos **antes de que** sea la hora.
Después de que: lo sabré **después de que** me lo digas.
A condición de que: te invito **a condición de que** vengas.

Se forma de la 1ª persona singular del presente indicativo. Ej.:

Infinitivo	**1ª p. Pres. Ind.**	**Pres. Subj.**
Conocer	cono**zco**	cono**zca**, cono**zcas,** etc.
Venir	ven**go**	ven**ga**, ven**gas,** etc.
Traer	trai**go**	trai**ga**, trai**gas,** etc.

Excepto: vaya, sea, esté, dé, sepa, haya.

PRETÉRITO PERFECTO (DE SUBJUNTIVO)

Expresa una acción ya terminada en el pasado y precedida de un verbo, expresión o conjunción que exige subjuntivo, según antes explicado en el presente.

Ej.: Quiero que vengas mañana.
Espero que **haya venido** esta mañana.

También puede expresar una acción ya terminada en el futuro.

Ej.: Te escribiré después de que me **hayas escrito** tú.

Se forma con el presente de subjuntivo de HABER **(haya, hayas, haya, hayamos, hayáis, hayan)** más el participio del verbo a expresar.

IMPERFECTO (DE SUBJUNTIVO)

Se usa:

1º Para expresar un futuro de un pasado si el pasado es un verbo de deseo, duda, etc. (como en caso 1º del presente de subj.) (Ver página 83).

Ej.: Quiero que vengas mañana.
Quise que **viniera** ayer.

2º Detrás de las conjunciones indicadas en casos 2º y 3º del presente de subjuntivo, cuando indica una posibilidad, en el futuro o en pasado.

Ej.: Dijo que vendría cuando **pudiera**.
Hablé para que me **escuchara**.

3º Detrás de la conjunción condicional **SI** y conectado al condicional simple.

Ej.: **Si tuviera** dinero compraría un coche.

Tiene dos formas, una que termina en -**ARA, -IERA**, y otra que termina en -**ASE, -IESE**.

Ambas se usan igualmente, y recomendamos al alumno de español limitarse a una, por ejemplo: -**ARA, -IERA**.

Se forma de la 3ª persona plural del pretérito indefinido.

Ej.: Infinitivo	3ª pers. Indefinido	Imperf. Subj.
Ir (o ser) **Pedir** **Dormir**	**fueron** **pidieron** **durmieron**	**fuera** **pidiera** **durmiera**

PLUSCUAMPERFECTO de subjuntivo

Expresa una acción pasada –ya terminada– anterior a otra también pasada pero siempre detrás de verbos, expresiones o conjunciones que rigen subjuntivo (según casos 1º, 2º y 3º del presente de subjuntivo).

Ej.: No creía que su novia **hubiera llegado.**

Se forma con el imperfecto de subjuntivo de HABER **(hubiera, hubieras, hubiera, hubiéramos, hubierais, hubieran)** más el participio del verbo a expresar.

EJEMPLO DE USO de los 4 tiempos de Subjuntivo:

Hoy espero	que	mañana	VENGA	(Presente)
Hoy espero	que	ya	HAYA VENIDO	(Pret. perfecto)
Ayer esperaba	que	hoy	VINIERA	(Pret. imperfecto)
Ayer esperaba	que	ya	HUBIERA VENIDO	(Pret.pluscuamp.)

EJEMPLO DE USO de modos y tiempos con la conjunción "SI":

Si	hoy	puedo	voy (o iré)	a verte
Si	mañana	pudiera	iría	a verte
Si	ayer	hubiera podido	habría ido	a verte

IMPERATIVO

- Expresa una orden, bien mandando o bien prohibiendo hacer algo. Sus formas derivan del presente de subjuntivo (menos tú y vosotros en la forma afirmativa).
  Ej.: Tú trae, vosotros traed, Vd. (no) traiga.

- Precede a los pronombres de complemento indirecto y directo, y va unido a ellos (en el afirmativo o de mandato).
  Ej.: **Dígame** eso, **dígamelo**.

- En el imperativo negativo o de prohibición, el orden es el siguiente:

  NO ME LO DIGA o NO ME DIGA ESO.

- En los verbos reflexivos, la primera persona plural pierde la "s" última antes del pronombre reflexivo "nos".

  Ej.: **SENTÉMONOS** = sentemos + nos.

  y la segunda persona plural pierde la "d" última antes del reflexivo "os".

  Ej.: **SENTAOS** = sentad + os.

LA VOZ PASIVA

Cuando en una frase, la acción expresada por el verbo la realiza el sujeto, se dice que la frase es **activa** (la niña lava).

Si ese mismo sujeto recibe dicha acción, se dice que la frase es **pasiva** (la niña es lavada).

Activa:	Los soldados	ganaron	la batalla.
	sujeto	**verbo**	**complemento**
Pasiva:	La batalla	fue ganada	**por** los soldados.

- Siempre se usa la preposición **POR**.
- El verbo **SER** se pone en el mismo tiempo que el verbo en la frase activa.
- El **PARTICIPIO** pasivo que sigue al verbo SER toma las terminaciones de masculino, femenino, singular o plural, concordando con el sujeto.
  Ej.: La niña fue **lavada** por la madre.
  Los niños fueron **lavados** por la madre.
- También se puede formar con el pronombre **SE** seguido del verbo en forma activa.
  Ej.: **Se habla** francés.

DERIVACIONES DE LAS FORMAS VERBALES

De 1ª persona singular Presente Indicativo **(vengo)**	deriva →	Todo el presente Subjuntivo + El Imperativo **(venga, vengas...)**
De la 3ª persona Pretérito Indefinido **(trajeron)**	" →	Imperfecto Subjuntivo (trajera)
Futuro Simple **(tomaré)**	" →	Condicional **(tomaría)**
Del Infinitivo **(tomar)**	" →	Imperfecto Indicativo **(tomaba)** Gerundio **(tomando)** Participio **(tomado)**

Salvo las excepciones ya dichas al estudiar cada tiempo.

TABLA DE TIEMPOS IRREGULARES

Infinitivo	Gerundio	Participio	presente Indicativo	presente Subjuntivo	Indefinido	Imperf. Subj.	Imperf. Ind.	Futuro	Condicional
Ver		visto	veo	vea			veía		
Ser			soy	sea	fui	fuera	era		
Ir	yendo		voy	vaya	fui	fuera	iba		
Salir			salgo	salga				saldré	saldría
Hacer		hecho	hago	haga	hice	hiciera		haré	haría
Valer			valgo	valga				valdré	valdría
Poner		puesto	pongo	ponga	puse	pusiera		pondré	pondría
Traer	trayendo		traigo	traiga	traje	trajera			
Decir	diciendo	dicho	digo	diga	dije	dijera		diré	diría
Venir	viniendo		vengo	venga	vine	viniera		vendré	vendría
Tener			tengo	tenga	tuve	tuviera		tendré	tendría
Estar			estoy	esté	estuve	estuviera			

Poder	pudiendo		puedo	pueda	pude	pudiera		podré	podría
Dormir	durmiendo	muerto	duermo	duerma	durmió (3ª)	durmiera			
Morir	muriendo		muero	muera	murió (3ª)	muriera			
Dar			doy	dé	di	diera			
Querer			quiero	quiera	quise	quisiera		querré	querría
Saber			sé	sepa	supe	supiera		sabré	sabría
Caber			quepo	quepa	cupe	cupiera		cabré	cabría
Haber			he	haya	hube	hubiera		habré	habría
Conocer			conozco	conozca					
Traducir			traduzco	traduzca	traduje	tradujera			
Conducir			conduz-co	conduzca	conduje	condujera			
Producir			produz-co	produzca	produje	produjera			
			Imperativo = al pres. de subjuntivo						

Infinitivo	Gerundio	Participio	Presente		3.ª persona	Imperfecto
			Indicativo	Subjuntivo	Indicativo	Subjuntivo
Escribir		escrito				
Abrir		abierto				
Volver		vuelto	vuelvo	vuelva		
Cubrir		cubierto				
Imprimir		impreso				
Romper		roto				
Satisfacer		satisfecho	satisfago	satisfaga		
Resolver		resuelto	resuelvo	resuelva		
Pedir	pidiendo		pido	pida	pidió →	pidiera
Freir	friendo	frito	frío	fría	frio →	friera
Reír	riendo		río	ría	rio →	riera

Infinitivo	Gerundio	Presente		3.ª persona	Imperfecto
		Indicativo	Subjuntivo	Indicativo	Subjuntivo
Seguir	siguiendo	sigo	siga	siguió →	siguiera
Servir	sirviendo	sirvo	sirva	sirvió →	sirviera
Vestir	vistiendo	visto	vista	vistió →	vistiera
Repetir	repitiendo	repito	repita	repitió →	repitiera
Medir	midiendo	mido	mida	midió →	midiera
Elegir	eligiendo	elijo	elija	eligió →	eligiera
Mentir	mintiendo	miento	mienta	mintió →	mintiera
Sentir	sintiendo	siento	sienta	sintió →	sintiera
Divertir	divirtiendo	divierto	divierta	divirtió →	divirtiera
Advertir	adivirtiendo	advierto	advierta	advirtió →	advirtiera
Arrepentir	arrepintiendo	arrepiento	arrepienta	arrepintió →	arrepintiera